Ana Flor da Água da Terra

Heloiza Abdalla

Ana Flor da Água da Terra

Poesia
ILUMI/URAS

Copyright © 2016
Heloiza Abdalla

Copyright © desta edição
Editora Iluminuras Ltda.

Capa e projeto gráfico
Eder Cardoso / Iluminuras
sobre *Em torno do Mar Morto III*, 2008, de Feco Hamburger

Revisão
Priscilla Del Fiori, Gabriel Valladão Silva e Rita Barros

CIP-BRASIL. CATALOGAÇÃO NA PUBLICAÇÃO
SINDICATO NACIONAL DOS EDITORES DE LIVROS, RJ
A116a

    Abdalla, Heloiza
       Ana Flor da água da terra / Heloiza Abdalla. -
1. ed. - São Paulo : Iluminuras, 2016.
      64 p. ; 19 cm.

    ISBN 978-85-7321-496-3

    1. Poesia brasileira. I. Título.

16-31074   CDD: 869.91
                    CDU: 821.134.3(81)-1

2016
EDITORA ILUMINURAS LTDA.
Rua Inácio Pereira da Rocha, 389
05432-011 - São Paulo - SP - Brasil
Tel./ Fax: 55 11 3031-6161
iluminuras@iluminuras.com.br
www.iluminuras.com.br

SUMÁRIO

|Ana Flor da Água da Terra|, 19
|Areia|, 20
|Crisálida|, 21
|Crochê da dança|, 22
|Linhaluz|, 23
|Amor|, 24
|Livre como um pássaro|, 25
|Quíron|, 26
|Kalu|, 27
|Ana|, 28
    Vento, 29
|Passagem|, 30
|Montanha|, 31
|Chegaram espelhos|, 32
|Serpente de pedra|, 33
|Infinito|, 34

|Fatoinstante|, 35
|Fio branco na costeleta da terra|, 36
|Cavaleiro da água|, 37
    O medo acalenta, 38
    Força pra dizer não, 39
|Entre o céu e a terra: o deserto é real|, 40
|Ampulheta|, 41
    Tem uma coisa acontecendo em mim,
    42
|Terra-estrela|, 43
    São os últimos dias de inverno, 44
|Ana sussurra|, 45
|Arco|, 46
    Êxtase de quem já se redime, 47
|Eu e Carlos|, 48
    Escuta a água?, 53
|Fim|, 54
|Na imensidão|, 55
    Sal, 56
    A fragilidade, 57
    O tempo sol, 58
|Princípio|, 59

Sobre a autora, 63

Agradeço em silêncio os encontros que vivi

Para Meno, Maju e Jô, amor na minha vida

"Eis a carta dos céus: tudo
se move"

Orides Fontela ("Mapa", *Alba*, 1983)

|Ana Flor da Água da Terra|

Uma flor tem marca
borboleta manchada

Um ser-amor-amor voa crucificado
o vento contorna uma árvore

água

sonha em ser livre como ela

|Areia|

Tenho medo
de não ser fiel
à beleza de seu gesto próprio

O não saber

destina
um poema

|Crisálida|

Talvez o estupor
seja água

A água há de tirar os excessos!

Talvez no caos amontoado e tépido
eu torne-me seguramente
poeta

|Crochê da dança|

Sinto
meu amor
ainda não cheguei

Sinto
a dor de quem não chegou

Quando paro pra me dar conta
não dou

A graça
é minha fraqueza

|Linhaluz|

Sentido
secreto tecido
no tear de um piano

o Vazio

a festejar
sua dor

|Amor|

Numa colcha rocha branca
em volta com as crianças do reino

alinhavada e alipresente

existe

|Livre como um pássaro|

A semente
chora

|Quíron|

A fenda

Segue
ferida

O invisível lhe move, quase aparece
esconde
dói

|Kalu|

Ódio inveja espinho na janela do escombro
esfarela poeira semente vermelha

Era uma vez uma rainha

Seu coração foi comido por um tigre

Enquanto ela não o engolisse
não haveria coração

|Ana|

Eu não sei o que sou
nem o que sinto

Não sei o que procuro
nem o que tenho encontrado

Não sei se acredito
nessa paisagem que meus olhos mostram

Não sei se acredito
no fim de qualquer fragmento ou batalha

Não sei se desisti
nem se pretendo lutar

Não sei a distância
entre o céu e o inferno

Não entendo o bem e o mal
não penso mais nisso

Vento
um lugar

|Passagem|

No beco sem saída

A dor
abre

e se vai

|Montanha|

Tudo começa
carta um

É preciso passar o amor que está aí
— o caminho

A ferida irrompe

|Chegaram espelhos|

Era duro
completamente sem casca

Senti desejo
quando matou

Uma lágrima velha
podia nos inundar

|Serpente de pedra|

Eu ainda não conheço esse texto

|Infinito|

Uma angústia dentro do meu peito
(e)terna
silêncio

|Fatoinstante|

Olhos fechados
o início

Sigo a realidade o porvir

sinto

|Fio branco na costeleta da terra|

Sente aquele frio na barriga
veio assim
um fio

e
s
t
r
e
m
e
c
i
m
e
n
t
o

O segredo quando encarna
brota

instante compartilhado

.EROS.

|Cavaleiro da água|

O amor reina a fenda aberta a vida em nós

A lembrança
estremece

O ventre
brilha

O instante é rememoração dos deuses
chega
esvai

Você sabe — voltará:
daqui um instante, uma vida, um século

Uma morte

"Amanhã"

O medo acalenta
segura
e diz

"o tempo passa"

Força pra dizer não

|Entre o céu e a terra: o deserto é real|

Ana começa a entender o que significa
atravessar o inferno

Ela viveu o submundo
A noite contava-lhe coisas

a lua

Tudo o que vira ali adiante
exige tempo aqui em vida

|Ampulheta|

Como numa servidão voluntária
diante do ultimato de morte
serviu ao corpo

— Vá quieta!

Pediu silêncio ao fundo da alma

Tem uma coisa acontecendo em mim
um encaixe de peças

jogo quieto

|Terra-estrela|

Um amor
corpos e sonhos
portais
porões

A rocha quando desfaz
esfarela pra não caber

O encontro
às vezes não é

São os últimos dias de inverno

Eu perdi

|Ana sussurra|

O coração dolorido
de fim
se rende à vida

— Ah, morte!

Já quase choro

Sinto a passagem do tempo

uma dança

|Arco|

Sente a flecha armada

Parto!
No meu ventre, a nova vida

Êxtase de quem já se redime
e se aproxima da morte

|Eu e Carlos|

É lua cheia
Eu sofro de um vazio
do tamanho que me preenche

O vazio. A medida da completude de mim

Hoje eu sou ar
Escorrem lembranças
e o corpo transige na confluência o amor

Sinto-me dispersa, anterior às fronteiras
A vontade de amar me paralisa o trabalho
e o hábito de sofrer faz de mim meu dia

como dói

O meu nome era um
hoje é outro que morreu

Tua boca beija a minha e diz dos outros
planetas que se queimam num fogo que arde
e não nos vê

Eu não me conformo
com você em mim
o que há fora e dentro de nós

Vai. Perturbam. Ainda. Os sons
Não sei como libertar-me

Eu sou quase um vapor e você não me abraça
Eu vivo dissolvendo e você se perde
Eu nunca estou consolada
nunca subimos àquela nuvem
nunca cintilamos

Há num espelho seu reflexo
num outro — partido —
meu resto

Ninguém compreende
e o sol, ah, querido
o sol não rompe

Nem naquele sonho em que futura
a futura libertação
dos nossos instintos

Sinto: o mar me acovardou

Você permanece aí, em terra firme
Eu no meio fundo dessa água

Vem, beija meu rosto
traz esperança e compreensão

— Sim, quem sabe um dia

Às 16h, há essa menina da água
Não há ninguém mais no mundo
chorando

Há lá longe um som
um batuque
algo quente e duro e dos deuses

Domina os ruídos das minhas entranhas
de minhas pedras e minhas folhas
desce
doce
doído
ao que reside
mais embaixo
de mim

Desce em gentileza
me rouba e me acalenta
e eu sou só medo

Medo
Meu pai minha mãe e meu companheiro

O homem é sólido e o mundo também
Eu sou um cruzador
— louca — na água esgotada da cidade

De vida incerta, valor inestimável
amor improvável

E não sou fiel!
Eu bebo

Tudo acontece, menino
e não lhe importa, nada fica nos teus olhos

A vida é tênue, tênue
e tua boca não estava

Eu fiquei com leite, homem, e com álcool

Só uma estrela guardará o reflexo
do meu peito que esvaiu por hoje
e você nunca vai saber

Você se enrola — e me enrola —
Uma espiral de desejo
fode comigo

Você roda no círculo ardente de minha nudez
que está para sempre presa no desejo
de minha própria melancolia

Eu morro
Morri

Junto ao mundo que se esvai
em que tu te esvais

Escuta a água?

|Fim|

O mundo fez silêncio
respiramos

Em um instante sublime
a água inundou o porto

Chegara. Chegara. Chegara

|Na imensidão|

Sente o ar faltar
deixa ir

o medo das rochas

Sal
água
lágrima

primavera

Ana morreu

A fragilidade
da minha tristeza

é alegria

O tempo sol
em mundo

elo

|Princípio|

A flor
confia

fia

não acelera
não atrasa

o tempo
habita

foto: Amanda Amaral

Heloiza Abdalla

Poeta, *Ana Flor da Água da Terra* é seu primeiro livro. Formada em Ciências Sociais pela Unicamp, e no Centro de Estudos Psicanalíticos, dedica-se à pesquisa e à clínica. Estuda astrologia há muitos anos, e desde 2010 desenvolve projetos de arte e cultura com sua produtora Poema.

CADASTRO
ILUMI/URAS

Para receber informações
sobre nossos lançamentos e
promoções, envie e-mail para:

cadastro@iluminuras.com.br

Este livro foi composto em *Greta* pela *Iluminuras*
e terminou de ser impresso em maio de 2016
nas oficinas da *Paym gráfica*, em São Paulo, SP,
em papel off-white 90 gramas.